Liebe Eltern,

die spannenden Geschichten in diesem Buch erleichtern Ihrem Kind den Start in die Welt der Buchstaben. Die große, gut lesbare Schulbuchschrift sowie die farbige Markierung der Silben unterstützen es dabei.

Durch die Einfärbung der Sprechsilben erfassen Leseanfänger die Wörter und ihre Bedeutung leichter. Denn schon Vorschulkinder teilen ein Wort beim Sprechen intuitiv in Silben ein. Die farbige Silben-Markierung hilft Kindern, die richtige Einteilung auch bei geschriebenen Wörtern zu erkennen und ihren Sinn zu verstehen. So lernen sie schneller, flüssig zu lesen.

Viele bunte Bilder sorgen für Abwechslung und motivieren zu kleinen Pausen. Die klare Text-Bild-Zuordnung unterstützt das Textverständnis. So kommen auch weniger geübte Leser zu Erfolgserlebnissen und entwickeln Freude am Lesen.

Die besten Silbengeschichten zum Lesenlernen

für Mädchen

1. Klasse

Loewe

www.leseloewen.de

ISBN 978-3-7432-0650-2
3. Auflage 2025

Inhalte aus Einzelausgaben der Reihe *Lesetiger*

Umschlagillustration: Leonie Daub
Umschlaggestaltung: Kathrin Tobian

Druck und Bindung: NEOGRAFIA, a.s.,
Sucianska 39A, 03861 Martin-Priekopa, SLOWAKEI
produktsicherheit@loewe-verlag.de

www.loewe-verlag.de

Inhalt

In der Meermädchenschule

Clara geht in die erste Klasse
der Meermädchenschule.
Bei Herrn Neunauge
muss sie Zählen üben.

Frau Tintenfisch
bringt den kleinen Meermädchen bei,
wie man ordentlich schreibt.

Und bei Herrn Knurrhahn,
dem mürrischen Lehrer,
haben sie Meereskunde.

Am liebsten mag Clara
den Schwimmunterricht.

Die Meermädchen lernen
bei Herrn Krabbe
Slalomschwimmen.

Herr Leuchtfisch zeigt ihnen,
wie man im Dunkeln taucht.
Das ist gar nicht so leicht.

„Meermädchen sind keine Seekühe“,
sagt Frau Schleierfisch immer.
Bei ihr haben sie Schönschwimmen.

Bei Herrn Buckelwal
müssen die Meermädchen
schwere Sachen nach oben tauchen.

„Das ist sehr wichtig“, erklärt er.
„Vielleicht müsst ihr ja
mal einen dummen Menschen retten.“

Am letzten Schultag
vor den großen Meeresferien
ist Clara sehr aufgeregt.

Heute ist nämlich
das große Vorschwimmen
bei Herrn Direktor Seepferd.

Alle Meermädchen
schaffen ihre Aufgaben.
Dann ist Clara dran.

Sie soll eine Schleife schwimmen,
die aussieht wie eine Brezel.
Claras Flosse zittert vor Angst.

Aber dann lächelt der Direktor
sie ganz freundlich an.
Clara lächelt zurück
und fasst sich ein Herz.

Sie nimmt Anlauf und schwimmt
die beste Brezelschleife
der Meereswelt.

„Gut gemacht!“,
lobt sie der Direktor.
Und Clara empfängt stolz
ihr Seepferdchen-Abzeichen.

Ein toller Tag

Lilly und Jesper
treffen sich in den Ferien
jeden Tag zum Spielen.

Doch heute haben sie
etwas ganz Besonderes
vor.

Sie fahren mit Lillys Mutter
in die Tierklinik.

Sie dürfen ihr
bei der Arbeit helfen.

Zunächst müssen sie sich
um die Patienten auf der
Krankenstation kümmern.

„Erst mal füttern wir
die Kleintiere“,
sagt Lillys Mutter
und öffnet die Käfigtüren.

Lilly und Jesper füllen
spezielles Kraftfutter
in die Näpfe.

Die Hasen kommen
sofort angehoppelt,
als hätten sie gewartet.

Dann führt Lillys Mutter
die Kinder zu den Hundeboxen.

„Warum hat der so einen
komischen Trichter auf?“,
fragt Jesper und zeigt
auf einen großen Hund.

„Er wurde gestern operiert“,
erklärt Lillys Mutter.

„Der Trichter verhindert,
dass er sich die Wunde leckt.“

Sie hält dem Hund
ein Leckerli hin
und er wedelt freudig
mit dem Schwanz.

Am Schluss gehen die drei
zu den Pferdeboxen.

„Vielleicht gibt es da
eine schöne Überraschung“,
meint Lillys Mutter
geheimnisvoll.

Lilly und Jesper sind
schon ganz gespannt.

Und dann sehen sie es:
In einer der Boxen
steht ein kleines Fohlen!

Der Babysitter

Dallas Bauch ist kugelrund.
Suses Lieblingsstute bekommt
nämlich bald ein Fohlen.

Die anderen Mädchen sind
genauso aufgeregt wie Suse.

Pflegerin Rita sagt zwar:
„Dalla braucht Ruhe!“
Trotzdem wären die Mädchen
gern bei der Geburt dabei.

Wieder einmal öffnet Suse
die Tür zum Stall einen Spalt.
Doch die Stute ist nicht da.

„Wo steckt Dalla?“,
fragt Suse.
„Vielleicht auf der Weide“,
meint Rita.

Doch da steht Dalla nicht.
Nur der Schimmel Goliath
wiehert ihnen entgegen.

In der Reithalle
oder auf dem Feld
ist Dalla ebenfalls nicht.

Im Haus natürlich auch nicht.
Langsam beginnt Suse,
sich Sorgen zu machen.

„Dalla, wo bist du?“,
rufen Suse und Rita.

Plötzlich hören sie ein Bellen.
Das ist Momo, der Hofhund.
Sie laufen zur Hundehütte
im Garten.

Da ist die Ausreißerin!

Dalla steht hinter der Hütte.

Nur kurz hebt sie den Kopf.

Was sucht sie da am Boden?

Suse späht an der Hütte vorbei

und traut ihren Augen kaum!

Direkt hinter Momos Hütte
liegt das Fohlen!
Mama Dalla schiebt es
mit dem Maul vorsichtig an.

Da erhebt sich das Kleine.
Es ist noch ganz wacklig
auf den Beinen.

Momo steht wie angewachsen
vor den zwei Pferden
und lässt niemanden vorbei.

Rita lacht:
„Ein Hund als Babysitter
ist eine gute Wahl!“

Sofie und Maria

Sofie mochte Schlammschlachten
und Indianerspiele.
Kein Ballett.

„Ballett ist gut für deinen Rücken“,
sagte ihre Mutter. „Du gehst krumm.“

Jede Woche beim Ballettunterricht
sah Sofie voll Sehnsucht
zum Fenster hinaus.

Eines Tages entdeckte sie da draußen
ein Mädchen in alten Jogginghosen.
Das sah voll Sehnsucht herein.

Nach dem Ballett ging Sofie zu ihm.
„He“, sagte sie. „Magst du Ballett?“
Das Mädchen wurde rot und nickte.

„Wir haben aber kein Geld für so was“, meinte es. „Mein Papa sagt immer: Maria, spiel Fußball mit deinen Brüdern!“

„Wir tauschen einfach!“, flüsterte Sofie.
Von da an ging Maria zum Ballett.

Sofies Schuhe waren ihr
etwas zu groß.
Die Lehrerin merkte nichts,
weil sie sehr kurzsichtig war.

Sofie spielte jede Woche Fußball
mit Marias großen Brüdern.

Und damit sie selber
ein bisschen größer aussah,
ging sie jetzt ganz gerade.

Im Herbst gab es eine Aufführung
in der Ballettschule.
„Wo ist Sofie?“, fragte ihr Vater.

Da lief Sofie hin und erklärte alles.
Sicher waren ihre Eltern jetzt böse …

„Und warum gehst du so gerade?“,
fragte ihre Mutter.

„Vom Fußballspielen
mit den großen Jungs“,
sagte Sofie und strahlte.

Da fanden ihre Eltern,
dass alles so bleiben konnte.
Sie kauften einen neuen Fußball
und für Maria passende Schuhe.

Was ist los mit Sommerwind?

Sommerwind ist das liebste Pony, das finden alle auf dem Ponyhof.

Sommerwind versteht sich gut mit den anderen Ponys, und die Stallkatze Mia darf sogar in Sommerwinds Box schlafen.

Nina will ihr Lieblingspony
für den Ausritt holen.

Sie bemerkt gleich,
dass Mias Jungen heute
ganz allein im Stroh liegen.
Dabei sind die Kätzchen
noch so klein!

„Wo kann Mia nur sein?“,
überlegt Nina.
Aber alles Suchen nützt nichts.

Nina sattelt Sommerwind
und führt ihn nach draußen,
wo die anderen schon auf sie warten.

Das Pony wiehert unruhig
und scharrt mit den Hufen.

Reitlehrer Kai wundert sich:
„Was ist denn mit Sommerwind los?
Willst du heute wirklich
auf ihm ausreiten?“

„Na klar!“, sagt Nina gleich.
„Er ist doch mein Lieblingspony.“

Kaum sitzt Nina im Sattel,
saust Sommerwind auch schon los.

„Wartet doch auf uns!“,
hört Nina den Reitlehrer rufen.

„Brrr“, befiehlt sie laut,
aber erst am See
bleibt das Pony endlich stehen.

Nina sitzt ab und versucht,
Sommerwind zu beruhigen.

Er wiehert laut
und wirft den Kopf zurück.
Warum ist er nur so aufgeregt?

Dann sieht Nina es auch:
Auf dem See treibt ein Ruderboot –
und darin sitzt die Katze Mia.
Sie schreit ganz jämmerlich!

Nina zieht das Boot an Land.

Nina bringt die zitternde Katze zurück zu ihren Jungen.

Ganz brav trottet Sommerwind hinter den beiden her.

„Gut, dass du uns
zum See geführt hast!“,
lobt Nina ihren Sommerwind.

Das liebste Pony vom Ponyhof
hat sich seine Extrakarotte
heute wirklich verdient!

Keine echte Prinzessin?

Janne ist total aufgeregt.
Heute wird sie
eine echte Prinzessin kennenlernen!

Denn Jannes Oma ist Reporterin.
Sie kennt die tollsten Leute.
Und heute schreibt sie über ein
Schloss.

„Und sie ist wirklich
eine echte Prinzessin?“,
fragt Janne immer wieder.
Oma nickt schmunzelnd.

Im Schloss warten sie
in einem großen Saal.

Die Tür geht auf
und ein Dackel kommt herein.
„Hallo, Prinzessin Adelgunde“,
sagt Oma und streichelt den Dackel.

„Das ist die Prinzessin?“,
fragt Janne enttäuscht.

„Magst du Prinzessin Adelgunde etwa nicht?“
Ein Mädchen in schmutzigem Anorak steht plötzlich vor Janne.

„Das ist sicher die Hundesitterin“, denkt sie.

„Doch, ich mag Adelgunde“,
sagt Janne schnell.
„Aber ich dachte,
die Prinzessin ist ein Mädchen,
mit dem man spielen kann.
Mit tollen Kleidern und so!“

Das Mädchen lächelt Janne an.
„Da könntest du ja mit mir spielen.“
Janne nickt. Warum nicht?

„Ich heiße übrigens
Prinzessin Clarissa“,
sagt das Mädchen noch.

Jetzt guckt Janne verwirrt.

Zwei Prinzessinnen?

Clarissa gibt ihr die Hundeleine.

„Führst du Adelgunde Gassi?“

Janne nickt verblüfft.

„Und danach spielen wir zusammen“,

verspricht Prinzessin Clarissa.

„Du darfst alle meine Kleider
anprobieren!“
Oma lacht.
Und Janne lächelt jetzt auch.
Das ist doch mal
ein Prinzessinnen-Ehrenwort!

Neue Freunde

Clara sitzt im Hausflur
und zieht ihre Inlineskates aus.
Da raschelt es unter der Treppe.

Was das nur sein mag?
Clara schaut nach.

Ganz hinten in der Ecke
sitzt ein graues Kätzchen.

Da kommt Clara nicht hin.
„Komm her!“, ruft sie.
Aber das Kätzchen hat Angst.

Zum Glück sammelt Clara alles,
was sie findet, in den Hosentaschen.
Da ist auch eine Schnur dabei.

Damit lockt sie das Kätzchen.
Es klappt!

Sie rennen im Flur hin und her.
Clara läuft vorneweg
und das Kätzchen hinterher.

Die Treppenstufen hoch und runter
macht es noch mehr Spaß.

Clara fischt eine Murmel
aus ihrer Hosentasche. Wie schön
die auf dem Boden klappert!
Das Kätzchen jagt ihr hinterher.

Aber manchmal muss Clara auch
selbst danach suchen.

Dann sind beide außer Atem.
Clara setzt sich. Das Kätzchen
schmiegt sich an sie.

Wie weich das Fell ist.
Wem das Kätzchen wohl gehört?
Ob Clara es einfach behalten kann?

Da scheppert eine Haustür.
„Peppa, mein Kätzchen, wo steckst du nur?“, ruft eine Stimme.

Clara schaut die Treppe hoch.
Es ist die alte Frau Lehne.
Sie wohnt im zweiten Stock.

Aus der Traum!
„Peppa ist hier!“, ruft Clara
und trägt das Kätzchen hoch.

„Danke, Clara“, sagt Frau Lehne.
„Peppa haut immer wieder ab.
Willst du sie füttern?“

Was für eine Frage!
Clara öffnet die Dose und löffelt
das Futter in den Katzennapf.

Peppa stürzt sich darauf.
„Friss langsam“, sagt Clara.
Aber wer spielt, hat auch Hunger!

Später macht Clara mit Frau Lehne das Katzenklo sauber. Das stinkt ganz schön. „Aber Klo ist Klo“, sagt Frau Lehne.

Zur Belohnung gibt es Kakao – und für Peppa verdünnte Milch.

Dann muss Clara gehen.
Aber das Kätzchen will sich nicht von ihr trennen.

Frau Lehne lacht. „Ich glaub, Peppa will, dass du wieder kommst.“

Clara nimmt Peppa auf den Arm.
„Morgen, hab ich gedacht!“
Sie schaut Frau Lehne an –
und die nickt.

Wie eine echte Ballerina

„Fertig“, sagt Frau Roth zufrieden,
als sie Antonias Wangen gepudert hat.
„Jetzt kann es losgehen.“

Antonia betrachtet sich im Spiegel.
Wunderschön sieht sie aus
mit Tutu und hochgestecktem Haar.

Gemeinsam mit zwei anderen
Mädchen betritt Antonia den
Prüfungsraum.
Die Mädchen sind aufgeregt,
denn alles ist irgendwie besonders.

Vor dem Klavier sitzt die Prüferin.
Sie kommt aus England,
von der Königlichen Ballettschule.

Die Mädchen begrüßen sie
mit einem Knicks.
Antonia ist ganz feierlich zumute.

Die Prüferin lächelt und sagt an,
was die Mädchen ihr vortanzen sollen.

Die Klaviermusik beginnt
und Antonia tanzt die Grundpositionen
der Arme und Beine.

Dann kommen Pliés, Battements –
– und schließlich sogar eine Pirouette.
Mit jeder Sekunde wird Antonia
sicherer.

Sie hätte gern noch weitergetanzt.
Aber nach dreißig Minuten
ist die Prüfung vorbei.

Die Mädchen erzählen ihren Eltern,
wie es gewesen ist.
Dann werden noch Fotos gemacht.

Am nächsten Tag erfährt Antonia,
dass sie die Prüfung bestanden hat.

Glücklich betrachtet sie das Foto,
das die Eltern von ihr gemacht haben.
Wie eine echte Ballerina
sieht sie darauf aus!

„Irgendwann“,
träumt Antonia und sieht sich
über eine große Bühne wirbeln,
„werde ich im Königlichen Ballett
tanzen. Dort, wo die englische
Prüferin zu Hause ist.“

Das verschwundene Spielzeug

Etwas macht Prinzessin Johanna
wirklich wütend:
Irgendjemand im Schloss
stiehlt ihre Spielsachen!

Jeden Morgen fehlt wieder etwas
aus ihrem Zimmer.

Johanna hat schon versucht,
nachts wach zu bleiben,
um den Dieb zu erwischen.
Aber sie schläft immer ein.

Und in ihre selbst gebauten Fallen
tappt der Dieb leider auch nicht.

Heute hat Johanna silberne
Glöckchen an jedes einzelne
Spielzeug gebunden.
Wenn der Dieb wieder
eines stehlen will, wacht sie
von dem Klingeln sicher auf.

Schließlich hat sie
einen leichten Prinzessinnenschlaf!

Und tatsächlich:

Mitten in der Nacht

wird Johanna wach.

Sie hört ein zartes Klingeln.

Das kommt vom Flur!

Und dann klingelt es die Treppe hinauf.

Die Prinzessin schleicht dem Klingeln
bis auf den Dachboden hinterher.

Dort steht ein Mädchen
in einem goldenen Kleid.
„Halt, du Diebin!“,
ruft Johanna laut.

Da fällt ihr Blick
auf die vielen fremden Spielsachen.
Und dort entdeckt Johanna
ihr eigenes vermisstes Spielzeug!

„Warum klaust du mein Spielzeug,
wenn du selbst schon so viel hast?“,
fragt sie verblüfft.

Das Mädchen sieht sie trotzig an.
„Weil ich seit 654 Jahren
mit den alten Sachen spielen muss.
Das ist blöd!"

„Bist du ein Geist?",
fragt Johanna vorsichtig.

Das Mädchen nickt.
„Ich bin Serafina von Langmut.
Eine Geister-Prinzessin.
Und ich langweile mich!“

Johanna nimmt bewundernd
eine silberne Spieluhr in die Hand.

„Lass uns doch Spielzeug tauschen“,
schlägt sie Serafina vor.
Die Geister-Prinzessin nickt begeistert.

„Du kannst dir gleich
welches aussuchen.
Sollen wir zusammen damit spielen?“,
fragt sie vorsichtig.

Johanna lächelt.

„Na klar! Und wir denken uns wilde Prinzessinnen-Abenteuer aus!“

„Attacke!“, ruft Serafina.

Und dann spielen sie zusammen bis spät in die Geisterstunde.

Lisa greift ein

Zuerst mistet Lisa den Stall aus,
dann striegelt sie Kirschblüte.

Dabei entdeckt Lisa eine
Wunde an Kirschblütes Bauch.
„Wie hast du dich denn
da verletzt?“, fragt Lisa
das Pony besorgt.

Als Jan in den Stall kommt,
wird Kirschblüte unruhig.

Jan schaut in Kirschblütes Box:
„Na, du lahme Ente?
Heute reite ich lieber auf Blitz.“

Jan sattelt Blitz
und zerrt das Pony aus dem Stall.
Lisa gefällt das gar nicht.

Dann entdeckt sie
die scharfen Sporen
an Jans Stiefeln.

Da stimmt doch was nicht!
Schon reitet Lisa auf Kirschblüte
hinter Jan her.

„Wir müssen vorsichtig sein“,
flüstert Lisa.
„Jan darf uns nicht sehen.“

Von Weitem hört sie Jan brüllen:
„Beweg deinen Hintern, du Schnecke!"
Wütend tritt Jan
mit den Sporen nach Blitz.

Lisa ist entsetzt.
„So eine Gemeinheit!", schimpft sie.

Plötzlich stellt sich Blitz
auf die Hinterbeine.
Jan stürzt vom Pony.
„Aua! Blödes Vieh!“, kreischt er.

„Daran bist du selbst schuld!“,
ruft Lisa Jan zu.
„Warum schlägst du Blitz, du Idiot?“

Jan droht ihr mit der Faust:
„Wehe, du verrätst mich!
Dann kannst du was erleben!“

„Du hast auch Kirschblüte gehauen!“,
erwidert Lisa mutig.
„Die Tiere haben Angst vor dir.“

Jan steht auf und will Lisa packen.
Aber Lisa galoppiert auf Kirschblüte
schnell zum Ponyhof zurück.
Jan rennt Lisa hinterher,
doch Kirschblüte ist schneller.

Auf dem Ponyhof erzählt Lisa alles.
Jan muss seine Sporen abgeben
und darf drei Wochen nicht reiten.
Dafür muss er die Ställe ausmisten.

Jetzt tut es Jan doch leid,
dass er die Ponys verletzt hat.

Danke, kleines Meermädchen!

Lisa Meermädchen schwimmt
gern auf Schatzsuche.

Sie sammelt alles,
was glitzert und funkelt:
Perlen, Muscheln
und bunte Scherben.

Plötzlich kommt
der kleine Delfin Tito angeflitzt.
„Warum bist du so aufgeregt?“,
fragt Lisa verwundert.

„Komm schnell
mit nach oben“, ruft Tito.
„Da ist ein riesengroßes Schiff!“

Lisa weiß nicht so genau.
Die Menschen sind ihr
ein bisschen unheimlich.

Aber sie ist auch neugierig.
„Na gut, wir können ja
ganz kurz auftauchen“, sagt Lisa.

Die beiden verstecken sich
hinter einem großen Felsen.
Von hier aus können sie
alles beobachten.

Es sind viele Menschen an Deck.
Sie lachen,
machen Musik und tanzen.

Plötzlich spürt Lisa
dicke Regentropfen.
Es blitzt und donnert.

„Ein Gewitter!“, rufen alle aufgeregt.
Jetzt kommt auch noch ein Sturm auf.

Der Steuermann kann das Schiff
kaum noch lenken.

Es treibt immer weiter
aufs Meer hinaus.
Die Menschen auf dem Schiff
haben Angst.

„Los, Tito, wir müssen helfen!“,
ruft Lisa. Es ist ihr egal,
dass der Steuermann sie sieht.

Sie springt aus den Wellen
und schnappt sich ein Schiffstau.
Das knotet sie am Felsen fest.

„Geschafft!“, freut sich Lisa.
Das Schiff ist nun sicher.
Schnell tauchen sie und Tito unter.

Bald scheint die Sonne wieder.
Ihre Strahlen malen lustige Kringel
auf den Meeresboden.

„Schau mal, Tito, ein Schatz!
Da, zwischen den Steinen!“
Lisas Augen werden groß.

Eine Flasche!
Darin steckt ein Kettchen
mit einem kleinen goldenen Anker.

Und auf einem Zettel steht:

Danke, kleines Meermädchen!

Sven Steuermann

Quellenverzeichnis

S. 9–17
Annette Moser, *In der Meermädchenschule*,
aus: dies., Lesetiger-Meermädchengeschichten,
farbig illustriert von Marina Krämer.

S. 18–25
Katja Richert, *Ein toller Tag*,
aus: dies., Lesetiger-Ein Tag beim Tierarzt,
farbig illustriert von Lisa Althaus.

S. 26–33
Michaela Hanauer, *Der Babysitter*,
aus: dies., Lesetiger-Fohlengeschichten,
farbig illustriert von Lisa Althaus.

S. 34–41
Antonia Michaelis, *Sofie und Maria*,
aus: dies., Lesetiger-Ballerinageschichten,
farbig illustriert von Katharina Wieker.

S. 42–51
Bettina Göschl/Klaus-Peter Wolf,
Was ist los mit Sommerwind?,
aus: dies., Kleine Lesetiger-Ponyhofgeschichten,
farbig illustriert von Antje Flad.

S. 52–59
Sandra Grimm, *Keine echte Prinzessin?*,
aus: dies., Lesetiger-Prinzessinnengeschichten,
farbig illustriert von Katharina Wieker.

S. 60–71
Claudia Ondracek, *Neue Freunde*,
aus: dies., Kleine Lesetiger-Katzengeschichten,
farbig illustriert von Katharina Wieker.

S. 72–78
Christina Koenig, *Wie eine echte Ballerina*,
aus: dies., Kleine Lesetiger-Ballettgeschichten,
farbig illustriert von Julia Ginsbach.

S. 79–88
Sandra Grimm, *Das verschwundene Spielzeug*,
aus: dies., Lesetiger-Prinzessinnengeschichten,
farbig illustriert von Katharina Wieker.

S. 89–97
Bettina Göschl/Klaus-Peter Wolf, *Lisa greift ein*,
aus: dies., Kleine Lesetiger-Ponyhofgeschichten,
farbig illustriert von Antje Flad.

S. 98–107
Annette Moser, *Danke, kleines Meermädchen!*,
aus: dies., Lesetiger-Meermädchengeschichten,
farbig illustriert von Marina Krämer.

Das will ich lesen!

ISBN 978-3-7432-1397-5

ISBN 978-3-7432-0915-2

ISBN 978-3-7432-1094-3

ISBN 978-3-7432-0450-8

Loewe
Das will ich lesen!